l'amertume, l'angoisse du vide n'ont que faire des clivages homo ou hétérosexuels. De même, ce livre ne s'adresse-t-il pas aux lecteurs d'une tranche d'âge particulière. Nous avons tous le droit à l'amour, quel que soit notre bord et quel que soit notre âge. À nous d'oser.

Encore un mot. Pour des raisons pratiques et des facilités de lecture, j'ai décidé de ne pas distinguer à chaque fois le féminin et le masculin. La lecture vous aurait été trop fastidieuse. J'ai opté pour le masculin comme la langue française nous y invite dans ces cas particuliers. Je laisse aux lectrices le soin de remettre les choses dans le contexte qui leur est propre.

Témoignage

Maintenant, lorsqu'on me demande si ça va, je réponds sans réticence que oui, ça va. Et c'est vrai. Je ne suis plus malheureuse, je ne me mets plus en difficulté. Pour ne plus me mettre en situation de stress, j'évite tout simplement les situations qui ne me conviennent pas. Je me sens en accord avec moi-même, je me trouve bien là où je suis. En somme, j'ai recollé les morceaux.
L'un des signes qui m'ont fait comprendre que j'avais vraiment fait ce chemin a été de redécouvrir mon rire. Je m'entends parfois rire aux éclats et ça me fait du bien. Ce rire montre que je suis en bonne harmonie avec moi-même et avec le monde.
Pour ce qui est des enfants, après avoir lutté sur tous les tableaux et passé des temps difficiles, ils sont redevenus très gentils, rayonnant les valeurs que je persiste à leur donner.
Aujourd'hui, je savoure la vie ; je suis prête à accueillir l'amour. C'est imminent, je le sens. Je suis ouverte, disposée. C'est ça qui compte.
Le bonheur est à prendre quand il se présente, et c'est là, tout de suite, maintenant, que ça se passe.

Marie, 51 ans, trois enfants.

Introduction

Lorsqu'on a tout donné, lorsqu'on a l'impression de s'être sacrifié à l'autel du couple, lorsqu'on a nourri l'espoir qu'amour puisse rimer avec toujours et peut-être même davantage, lorsqu'on a pensé qu'on vieillirait ensemble, lorsqu'on a fondé une famille qu'on voyait comme une vraie dynastie, lorsqu'on a construit sa vie, bâti sa maison, mûri ses projets, fondé sa famille sur la foi en l'autre et sur la foi en la vie, la rupture est ressentie comme un cyclone, un ouragan qui balaie tout sur son passage et ne laisse que ruine et désolation, Soudain, le quotidien partagé, la sécurité du port d'attache n'existent plus, les rêves et les projets s'évanouissent, et de même se désagrège notre image. Nos images devrais-je dire : image de soi, du couple, image sociale, image de la femme ou de l'homme que l'on est... Comment dès lors s'en relever, comment repartir, comment refaire confiance à la vie, à l'amour, à soi-même, à l'avenir ? Par quels chemins faudra-t-il passer ? Que faudra-t-il remettre en cause, quelles corrections de cap faudra-t-il réaliser ? Sur quels critères devra-t-on dorénavant s'appuyer pour distinguer le vrai du faux, le rêve de l'illusion, le normal du pathologique ? Et les idées fausses, celles que j'appelle « idées fosses » tellement elles nous ensevelissent, comment pourra-t-on les repérer, les éviter, s'en débarrasser ? C'est à cette analyse sensible mais nécessaire que je vous convie au fil de ces pages.

1. Apprendre à accepter la séparation

La rupture, ce n'est pas seulement cesser de vivre avec quelqu'un, c'est aussi interrompre un processus de vie dans lequel on était tous deux partie prenante et qui impliquait aussi des personnes et des lieux qu'on avait appris à aimer et auxquels on s'était attaché.

Une partie de soi-même qui disparaît

Les questions que posent un amour défunt et la vie qui s'ensuit dépassent largement le cadre du seul investissement ou désinvestissement sentimental. Il s'agit là d'une remise en cause de toute une vie, de toute une manière de penser, de sentir, de réfléchir, en même temps que toute une manière de se situer en tant que personne, en tant que personnalité face au monde et face à la vie. Mais au-delà de tout, ce qui comptera, ce sera de cerner et d'intégrer à l'ensemble de notre vie cet héritage de passé qu'a constitué notre vie conjugale. Car lorsqu'on rompt, on ne rompt pas simplement avec une personne, on rompt avec un lieu, avec un style de vie, avec des rituels et des habitudes, avec un certain cercle familial, social et affectif. Avec des serments aussi, ou à tout le moins des promesses qu'on n'a pas tenues ou qui ont été trahies. La perte de repères est alors flagrante.

Si votre vie était un rivage,
quel serait-il ?
Une plage de sable fin, de
galets, de rochers ?
Une falaise, des récifs ?
Notez-le dans un coin, cela
vous servira plus loin.

« Parfois une âme blessée
est plus ouverte à la vérité
que les autres ».

Élie Wiesel,
« Un désir fou de danser »,
Éditions du Seuil, 2006, p. 330.

La culpabilité

Quiconque a vécu une séparation a ressenti ce sentiment étrange fait de culpabilité mêlée de honte. Même si on est celui ou celle qui a pris la décision de partir, on est habité par mille incertitudes, mille sentiments plus paradoxaux les uns que les autres.

✓ Lorsqu'on est le « quitteur », quelle qu'ait été la pénibilité de la situation vécue avec l'autre, on se sent mal à l'idée d'avoir dû lui faire de la peine ou de l'avoir fait souffrir. De même se sent-on mal de la souffrance que nous ressentons infliger à nos enfants, en les privant de leur autre parent. Qui ne ressentirait pas cela ? En fait, ce qu'il faut voir, c'est que même s'il n'est pas le plus heureux du monde, l'autre n'est pas non plus, à de très rares exceptions près, à l'agonie. Comme la nouveauté de la situation l'oblige à se prendre en main, il est poussé à l'action, ce qui le met en position d'acteur et non plus seulement de victime.

> « Dites-moi,
> dites-moi qu'elle est partie
> pour un autre que moi,
> mais pas à cause
> de moi. »
>
> *Michel Jonasz, « Dites-moi », paroles Frank Thomas, musique Michel Jonasz, 1974, Filipacchi music.*

✓ Lorsqu'on est le « quitté », c'est évidemment la blessure narcissique résultant de la séparation qui donnera le plus de fil à retordre. Que notre compagnon ou notre compagne soit parti pour une autre histoire d'amour est difficile à vivre, mais qu'il ou elle soit parti pour vivre seul car il ou elle ne peut plus nous supporter est encore plus difficile à admettre.

Le sentiment de culpabilité est un état affectif tout à fait normal. Il est là pour nous prévenir lorsque nous avons fait arbitrairement du tort à autrui ou qu'on s'est comporté de mauvaise façon. Toutefois, il peut aussi plus simplement s'exprimer lorsque nos actions nous engagent personnellement vis-à-vis des autres. En d'autres termes, ce n'est pas parce qu'on se sent coupable qu'on l'est réellement et sur toute la ligne.

Une image de soi forcément dégradée

Quand on a été quitté, le sentiment général qui prédomine est, chez la femme, celui de la trahison, chez l'homme, celui de l'humiliation. Pour lancinants qu'ils soient, ces sentiments n'en sont pas moins naturels. Car, dans une rupture, au-delà de la trahison ou de l'humiliation, c'est l'image de soi de la personne dans son intégralité qui se trouve touchée et remise en cause. Ses attitudes, sa façon d'être et d'évoluer, ses goûts, ses penchants, ses habitudes, ses idées sur la vie, ses convictions, mais aussi son sentiment de sa propre valeur, son estime de soi, sa légitimité, tout s'en trouve bouleversé. C'est toute son image d'elle-même qui se trouve ainsi atteinte et cette impression persistera encore longtemps.

« Je ne me reconnais pas dans ce que je suis aujourd'hui, mais je ne me reconnaissais pas non plus dans celle que j'étais avant ».

Muriel

Une histoire qui s'arrête n'est pas pour autant une histoire terminée. Dans tous les cas, elle laisse de part et d'autre un goût d'inachevé. Au demeurant, il est à noter que c'est précisément cette persistance du sentiment d'inachevé qui fera obstacle à une nouvelle rencontre amoureuse plus que l'absence de potentiels partenaires autour de la personne.

La rupture est loin de constituer une simple formalité pour le quitteur. Une fin de relation, quelle qu'en soit la raison, n'est jamais anodine. Lorsqu'on a l'impression de laisser quelqu'un sur le bord de la route, on a vite fait de ressentir un sentiment pénible d'indignité, surtout lorsqu'on voit souffrir celui ou celle qu'en un autre temps on a aimé.

Rester bons amis, est-ce possible ?

Une rupture entraîne forcément des affects, c'est-à-dire des sentiments négatifs. Eux aussi sont importants pour que le travail de détachement émotionnel puisse avoir lieu. Cela signifie que pour faire le deuil de l'autre, on a besoin de lui en vouloir, de le détester. Pendant quelque temps, du moins. Certains aimeraient que les choses prennent une tournure moins dramatique : si l'on s'est aimé auparavant, pensent-ils, pourquoi faudrait-il se détester maintenant ? Ne peut-on pas rester bons amis ?

Comme un énorme bloc de glace qui se séparerait de la banquise.

À mon avis, cet argument ne tient pas compte de la réalité. Il sert de paravent pour masquer la peur qu'on a de l'avenir ou pour atténuer la souffrance qu'on craint de ressentir ou de faire ressentir à l'autre. On ne peut tout simplement pas entretenir avec l'autre, au lendemain d'une rupture, le type de relation qu'on pourra avoir avec lui trois ou quatre ans plus tard. Il faut que le temps fasse son œuvre, qu'il nous permette de tourner la page. Ce n'est qu'alors qu'on pourra envisager la relation sous d'autres auspices et, pourquoi pas, se découvrir une jolie complicité.

positive et aimable devant les autres, de même qu'il est naturel de ne pas vouloir inquiéter nos proches ou nos enfants. Mais certains exagèrent le trait en affichant un flegme imperturbable vers l'extérieur alors qu'en réalité, ils se sentent intérieurement laminés et incapables de la moindre activité qui sorte un tant soit peu de leurs automatismes de base.

Il appartient à chacun de voir comment il peut ou veut prendre la chose, mais je crois que ce n'est jamais une très bonne idée d'afficher une humeur à toute épreuve alors qu'on traverse une « sale période ». Il est bon de s'armer de courage pour faire face aux difficultés, mais il est bon aussi de se dire ou de reconnaître auprès de ses proches combien on se sent découragé. Du reste, l'expérience montre que le simple fait d'exprimer ce qu'on a sur le cœur procure un soulagement immédiat et tend à redonner courage. Cela vaut donc la peine d'essayer, vous ne trouvez pas ?

Les soi-disant bons conseils de nos proches

L'une des choses qui participent (souvent à notre insu) à notre malaise et à nos piétinements réside dans les « bons conseils » que nos proches, par amour ou par expérience de la vie, ne manquent pas de nous servir. Il est bien normal que nos parents ou nos amis veuillent nous aider, mais le problème est que, souvent, ils dépassent le stade de la simple aide bienveillante ; on nage alors en plein transfert. Tous les : « penses-y, réfléchis bien, tu devrais, méfie-toi, à mon avis, si tu veux un conseil... » partent certes d'un bon sentiment, mais – osons le dire – ne nous servent à rien, ceci pour deux raisons :

✓ La première est que l'expérience des autres ne peut pas nous aider dans ces moments-là, tout emprisonnés que nous sommes dans notre bulle de souffrance et d'incertitude. Si la tête entend ce qui est dit, le cœur, lui, n'est pas en état d'écouter. Or dans ces situations, sauf rares exceptions, c'est toujours le cœur qui l'emporte.

✓ La seconde est que nos proches ne sont pas formés à l'écoute active et analytique telle qu'un psychothérapeute peut la pratiquer. La plu-

part du temps, leurs bons conseils ne sont que le reflet de leurs craintes ou de leurs angoisses qu'ils projettent sur nous.
Faute d'interlocuteurs, nous nous tournons souvent vers nos proches et il est normal qu'ils veuillent nous faire profiter de leur expérience, de leurs conseils ou de leurs doutes. Écouter leur point de vue et leurs commentaires sur tel ou tel aspect de notre problème peut nous être profitable mais il faudrait toujours garder à l'esprit qu'il ne s'agit que d'une vision des choses et que nous seuls, en notre for intérieur, savons en vérité ce qu'il en est vraiment et de quoi nous sommes capables. Le plus important dans ces discussions n'est pas tellement ce qu'ils expriment (vous savez bien que nous ne suivons pratiquement jamais les conseils des autres) mais ce que vous, vous formulez ou analysez. Faites confiance à votre ressenti, à votre voix intérieure.

> « À dire vrai, toutes ces discussions ne servent à rien ; pourtant, c'est en discutant que j'ai appris à me connaître, par sentir de façon définitive à quoi je dois me résoudre, à quoi je suis résolu. »
>
> *Goethe,*
> *« Les Affinités électives », Aubier Flammarion, Paris, 1968, tome I, p. 295.*

Se réfugier dans la virtualité ?

Le changement fait toujours peur. À tout le monde. Aussi bien à celui qui quitte et qui doit prendre en main les nouvelles modalités de son autonomie, qu'à celui qui est quitté et qui se voit contraint de tourner une page sans doute maîtresse de sa vie. Pour éviter l'angoisse qui naît de l'imminence du changement, nous tendons à fuir le moment présent car il est porteur de toutes sortes de choses déplaisantes, désagréables ou douloureuses. Comme l'avenir est aussi anxiogène que le présent, on tend soit à se réfugier dans le passé, dans ce qu'il a pu avoir d'idéal (même s'il n'a plus cours depuis longtemps), soit à se réfugier dans le monde de la virtualité. Là, les chimères ne manqueront pas et seront à

la mesure de notre fertile imagination. Attente du prince charmant ou de la merveilleuse princesse, pactole gagné au Loto, rencontre professionnelle miraculeuse, etc.
Autant dire que tous ces refuges ne sont pas sans conséquence, ils ont leur prix. Atermoiements, indécision, hésitations, inhibition seront à l'ordre du jour, entraînant avec eux des demi-mesures et des demi-décisions qui nous rendront la tâche plus difficile encore.

> On n'est pas obligé de souffrir indéfiniment de ce qui nous a fait souffrir.

Vivre le moment présent dans ce genre de situation n'est jamais simple, car cela nous renvoie à la nécessité de nous prendre en main et de changer, avec tout ce que cela comporte de passages à vide, de sentiment de médiocrité, de redémarrage à zéro, etc., mais nous devons savoir que les chimères, qu'elles soient passéistes ou virtuelles, n'empêcheront jamais la nécessité de se confronter au présent. Peut-être en retarderons-nous le moment, mais nous ne l'éviterons pas.
L'alternative ne sera donc pas : tenir ou fuir, mais courir le risque d'être heureux ou s'installer dans un malheur confortable.

On ne peut comparer que ce qui est comparable… et encore

Lorsqu'on est en proie au doute ou lorsqu'on est en perte d'identité, on cherche à se rassurer par tous les moyens et pour ce faire, on va tenter de voir comment les autres parviennent ou sont parvenus à régler le problème qui les préoccupait et qui se rapproche du nôtre. Ceci est un réflexe bien humain. En fait, que nous nous en rendions compte ou non, nous passons notre temps à comparer (notre situation, nos enfants, nos privilèges, nos moyens financiers, nos moyens de séduction, etc.). Les comparaisons nous donnent des points de repère et nous permettent de caler nos comportements ou nos décisions sur des paramètres que nous estimons fiables puisque vérifiable auprès des autres. Mais, à y regarder à deux fois, est-ce bien vrai ? En fait, force est de consta-

ter que, pour enrichissante qu'elle soit, l'expérience des autres ne vaut que pour eux (et encore, cela n'est-il pas toujours vrai dans la mesure où ils ne tirent souvent aucun profit de leur expérience et replongent dans leurs habituelles erreurs).
Nous n'évoluons pas tous de la même manière, chacun a son rythme, ses forces, ses faiblesses, sa vie, son histoire. Son expérience de vie aussi, qui est tout à fait personnelle et originale et qui ne ressemble à aucune autre. Ainsi, une personne peut par exemple avoir vécu le divorce de ses parents et en avoir tiré une expérience de vie, mais rien ne dit que cette comparaison pourra s'appliquer à elle.

Le mieux serait sans doute d'éviter toute comparaison, mais qui pourrait avoir une telle force d'âme ? Lorsque vous comparerez votre situation à celles d'autres personnes proches de vous, souvenez-vous qu'il ne s'agit que d'un mécanisme visant à vous rassurer mais sans grande valeur objective et donc sans grande efficacité. C'est vous qui détenez le seul vrai critère objectif par rapport à votre propre histoire.

Du changement dans les relations sociales

Parmi les pertes de repères les plus flagrantes, je voudrais encore évoquer celle des repères sociaux et amicaux qu'une rupture ne manque pas d'engendrer. Une rupture, ce n'est pas seulement la séparation d'un homme et d'une femme (ou de deux hommes ou de deux femmes), c'est aussi tout un tissu social et relationnel qu'on avait tissé ensemble et qui se trouve soudain détricoté par la force des choses. Ainsi, il est presque sûr qu'après un déménagement, vous ne verrez pratiquement plus vos voisins de palier avec qui vous entreteniez pourtant d'excellentes relations du temps où vous habitiez dans le même immeuble, tout simplement parce que la distance rend les relations suivies plus difficiles. D'autres fois, il ne s'agira pas d'une question de distance mais de désaffection ou d'un revirement de ceux que vous considériez comme des « proches » ou des « amis ». Sentiment de trahison et amertume seront alors à l'ordre du jour. Mais en même temps, si vous voulez bien y regarder de plus près, peut-être constaterez-vous que vous n'aviez jamais été si proche que cela de ces personnes, et que c'était surtout

votre compagnon ou votre compagne qui maintenait vivante la relation avec elles. Il faudrait alors rendre à César ce qui appartient à César et oser admettre qu'il ne s'agit pas tant d'un revirement que de la conséquence logique d'un manque d'investissement de votre part.
J'ai pris là deux situations parmi les plus habituelles, mais peut-être ne vous sentez-vous pas spécialement concerné. Ce que je veux vous faire comprendre, avec ces deux exemples, c'est qu'une rupture entraîne très souvent une mise à l'écart de soi. Il est normal de vouloir s'isoler pour panser ses blessures, ou pour réfléchir, ou pour se ressaisir. Il faudrait juste que ce comportement de repli provisoire ne devienne pas un style de vie à part entière et que vous ne preniez pas l'habitude de vous passer des autres.
Il est normal aussi de ne pas avoir envie de sortir ou de s'amuser, ou de ressentir les relations sociales comme pesantes lorsqu'on a vécu une rupture. Mais, dites-vous bien qu'aussi décevantes soient-elles, ces relations sociales sont très importantes pour votre équilibre psychologique et pour votre santé mentale. En fait, elles ne sont pas un choix mais une nécessité.

Le piège des compensations affectives

Un problème n'arrive jamais seul, dit l'adage. Cette maxime se révèle particulièrement vraie dans les situations de rupture où elle revêt des aspects inattendus qui entament notre fragile équilibre par leur côté invisible et sournois. Explication :

Lorsque nous nous sentons malheureux, ou insécurisés, ou sur la brèche, nous éprouvons le besoin de faire baisser la pression pour nous rendre la vie supportable. Généralement, après un petit temps de flottement, nous nous efforçons de reprendre notre vie en main et resserrons les boulons. Pas question de se laisser aller à la déprime, de rester au lit jusqu'à plus d'heure ou de s'avachir devant la télé en traînant sa vie comme un escargot énervé. On s'impose donc une discipline de fer. Et généralement, ça marche, sauf que... Sauf que le rythme supplémentaire que nous nous infligeons vient renforcer le stress général. Pour tenter d'évacuer ce surplus de stress, nous recourons alors à toutes sor-

tes de compensations. Pour les uns ce seront les sucreries, pour d'autres, les excès d'alcool, pour d'autres encore, une double dose de cigarettes, etc. Rien que de très normal, me direz-vous. Salutaire même ? Je vous l'accorde. Dans la mesure où il s'agit de comportements passagers. L'ennui, c'est que si tous les produits utilisés d'ordinaire en guise de compensation contribuent à calmer le stress, ils ont pour revers de la médaille de nous rendre dépendant. Bien évidemment, cela ne se fait pas du jour au lendemain, mais très progressivement, presque imperceptiblement. En fait, il faudra qu'un incident assez fâcheux arrive (ma balance accuse 5 kg de plus !) ou qu'une vraie catastrophe survienne (alcotest positif lors d'un contrôle de police) pour que nous en prenions la mesure.
Dans de telles circonstances il n'est pas aisé de faire machine arrière, d'une part parce que nous ne sommes pas en état d'accepter une frustration supplémentaire en renonçant à notre « petit plaisir », et d'autre part parce que le mécanisme de compensation auquel nous avons succombé nous a enfermés dans un système dont il est très difficile de se dégager.

Le mieux serait évidemment de garder un œil critique, sinon sévère, sur nos écarts et nos excès, mais c'est souvent plus facile à dire qu'à faire. Il me semblerait plus judicieux pour vous de trouver un compromis acceptable. Celui-ci pourrait par exemple tenir en trois points.

1. Je m'accorde mes débordements pendant un temps donné.
2. Je reste complice de mes excès, mais je n'en suis pas dupe.
3. Je me ressaisis dans un certain retour à la normalité.

3. Reconsidérer son image

Comprendre ce qu'on a fait faux

Plus grands ont été les privilèges, plus les regrets sont amers. C'est une expérience que nous avons tous faite une fois au moins dans notre vie. Bien sûr on savait qu'on se dirigeait vers une voie sans issue, bien sûr la situation touchait à l'absurde, jusqu'où irait-on dans la démesure ? Trop d'indifférence, trop d'attentes d'enfant gâté, trop d'agressivité, trop de crises d'hystérie, de chantages, de petites vengeances sournoises, de manipulations, de trahisons, de mensonges, que sais-je encore... Et les conséquences étaient arrivées. Un beau jour, l'autre nous avait annoncé que cette fois-ci, la coupe était pleine. Comme d'habitude, on ne l'avait pas cru. Mais là, ce n'était pas pour du beurre, c'était pour de vrai. Quelques jours plus tard, les décisions arrivaient en cascade. Recherche d'un autre appartement, ouverture d'un autre compte bancaire, changement de téléphone portable, etc. Sur le plan de son apparence, on l'avait vu se transformer : arrêt de la cigarette, nouvelle coupe de cheveux, nouveau look. En un mot : irreconnaissable !

On avait essayé de recoller les morceaux en faisant (provisoirement) le dos rond, mais rien n'y avait fait. L'autre, celui qu'on connaissait si bien, était brusquement devenu un « autre ». Pire, tout ce qui avait fait sa faiblesse faisait maintenant sa force. Son silence, sa résignation, sa tolérance étaient soudain réinterprétés par nous comme une féroce indifférence mêlée d'une indicible détermination. Le processus était devenu irréversible ; on l'avait perdu. Étaient venus les regrets, les lamentations, les supplications, les promesses. On avait reconnu ses erreurs, ses excès, ses fourvoiements. Rien n'y avait fait. On était resté sur le carreau ; son absence nous donnait maintenant la mesure de la perte.

> Lorsqu'un processus est engagé, les faits découlent d'eux-mêmes. Cela vaut dans un sens comme dans l'autre.

Lorsque ce genre de mauvaise fortune nous arrive, on aimerait pouvoir dire, à la manière des enfants : « Promis, je ne le ferai plus. » Mais il s'agit là d'erreurs d'adultes, non de bêtises d'enfants, et lorsque le mal s'est inscrit comme à l'encre indélébile, le retour devient impossible. Certains, doués d'une capacité de refoulement surprenante, s'en remettront vite, quitte à reproduire la prochaine fois les mêmes erreurs, mais nombre d'autres garderont longtemps dans leur chair les errements qui les ont conduits à saborder leur couple et du même coup leur vie.

« La prise de conscience, c'est l'interprétation et l'explication de l'action. »

Jean Piaget, « Conversations libres avec J-C Bringuier », Robert Laffont, Paris, 1977, p. 134.

Cependant, quelles que soient leurs erreurs, eux aussi ont à se reconstruire. Et s'ils laissent la culpabilité occuper tout le terrain, ils risquent fort de la ruminer leur vie entière sans jamais en avoir rien appris. C'est pourquoi je dis qu'il ne sert à rien de se lamenter sur le passé. Au lieu de rester collé à vos anciennes fautes, efforcez-vous plutôt de les dépasser en les compensant par des attitudes et des comportements positifs ouvrant sur l'avenir. Ce sera un véritable baume pour vos blessures mais aussi pour celles de vos proches et de vos enfants.

Bonnes excuses, mauvaises excuses

Comme nous en avons parlé dans les pages précédentes, non seulement la rupture est un passage éprouvant, mais elle entraîne nombre de tracas supplémentaires auxquels on n'est tout simplement pas préparé, soit qu'on les ait sous-estimés (mauvaise organisation du budget, par exemple), soit qu'on les ait tout simplement ignorés (nécessité de la signature de l'autre dans certaines circonstances). Ces difficultés inat-

Les bonnes excuses ne devraient pas empêcher d'agir.

tendues nous prennent par revers ; comme elles blessent notre amour-propre, nous essayons de compenser cette blessure en nous inventant de bonnes excuses. Souvent elles seront tout à fait justifiées (vous devez garder votre nièce ou vos petits-enfants), mais force est d'admettre que souvent aussi, elles serviront de paravent pour éviter telle tâche jugée rébarbative, tel engagement pressenti comme désagréable, telle sortie avec d'autres couples perçue comme insupportable (voir les autres heureux ou décontractés ou follement amoureux, quand on se sent soi-même au fond du trou, est au-delà de nos forces).

Le tonus d'une personne qui sort d'une rupture est très médiocre, son humeur changeante, ses forces vacillantes, ses désirs largement inhibés ou en friche. Ne comparez pas systématiquement ce que vous faisiez « avant » et ce que vous êtes capable de faire aujourd'hui. Il n'y a pas de commune mesure.

Personne ne vous en voudra de renoncer à tel engagement, à telle sortie, à tel service non-rendu si vous en expliquez la raison avec transparence et sincérité. Vous éviterez ainsi de doubler votre blessure d'orgueil d'un sentiment d'indignité (dans le mensonge, on se sent tellement infantile !).

Plutôt que de vous trouver de bonnes excuses qui n'en sont pas, soyez attentifs à vous-même. Essayez de coller le plus possible à votre ressenti, à vos forces, à votre courage. Dans mes consultations, je constate régulièrement que lorsqu'une personne touche à cette fameuse trans-

« Dès que tu cesseras de t'observer, cette ombre de tristesse s'estompera.
Pour le moment, tu couves toi-même ta douleur mais, même lorsqu'on la couve, elle s'échappe. Et plus elle est violente, plus elle est fugitive. »

Sénèque, « Apprendre à vivre », Lettres à Lucilius, Arléa, Paris, 1990, p. 68.

parence en verbalisant ce qu'elle ressent au fond d'elle-même, elle retrouve une énergie insoupçonnée qui la conduit à finalement accepter de bonne grâce ce qui lui paraissait si lourd quelques instants auparavant.

Les imperceptibles impolitesses faites à soi-même

Les périodes qui font immédiatement suite à une séparation sont des périodes plutôt creuses, voire indigestes. Si notre imaginaire est débordant d'envies, la réalité quotidienne, elle, avec ses tâches répétitives et ses contraintes, pèse terriblement sur notre moral : toute initiative de notre part fait figure de marathon. On rêve, certes, mais devant la télévision : la réalité virtuelle de la petite lucarne a les côtés rassurants qu'on sait. Si les femmes (par habitude plus que par goût) parviennent encore à peu près à gérer les tâches ménagères à la maison, les hommes, eux, généralement les négligent, soit qu'ils s'en sentent incapables, soit qu'ils s'en désintéressent. Côté cuisine, si des enfants sont là, que vous soyez le père ou la mère, vous serez bien obligé de gérer le réfrigérateur et de prévoir les repas, quitte à improviser. S'il n'y a pas d'enfants, la cuisine se réduira d'ordinaire à la plus simple expression (grignotages, repas pris sur le pouce...), minimum vital oblige.

> « Ils maudissent leurs fers ; ils semblent parfois s'en vanter [...] ; ils ne savent pas se tresser à eux-mêmes le joug le plus léger. »
>
> *Marguerite Yourcenar, « Mémoires d'Hadrien », PUF, Paris, 1970, p. 44.*

Mais la vie ne se limite pas à ces deux « musts » incontournables que sont la maison et la cuisine. Il existe une foule d'autres choses qui contribuent, sinon à embellir la vie, du moins à en prévenir l'amertume. Alors pourquoi les négligeons-nous ? La raison tient au fait que si nous rendons volontiers services aux autres, nous ne sommes tout simplement pas habitués à nous faire du bien à nous-mêmes. En d'autres termes, il existe une foule de choses que nous pourrions faire pour nous rendre la vie plus facile, ou plus belle ou plus douce, surtout à cette époque cruciale de notre vie, mais que nous répugnons à envisager pour nous-mêmes, soit que nous redoutions de verser dans l'autocomplaisance, soit que nous pensions que nous n'en valons pas la peine.

De fil en aiguille, nous barrons de notre vie tel petit plaisir, telle invitation, tel déjeuner au restaurant, réduisant notre niveau de vie à la manière d'une peau de chagrin. Le plus étonnant est que ce régime spartiate ne s'applique d'ordinaire qu'à nous-mêmes. Ce que je veux dire par là, c'est que nous sommes tout à fait capables, toutes proportions gardées, de sacrifier un budget conséquent à nos enfants ou à nos petits-enfants, alors que nous nous refusons dans le même temps la moindre sortie. (Pourquoi dépenser de l'argent au cinéma, alors que les films à la télé sont gratuits !)

Pour étonnant qu'il soit, ce comportement s'explique assez facilement. La personnalité est une unité. À ce titre, elle nous pousse à vivre nos expériences de manière unitaire. Ainsi, lorsque nous vivons une riche expérience sentimentale, cela déclenche en nous le désir de multiplier cette richesse dans tous les domaines possibles. Il en va de même en sens inverse : lorsque nous traversons une période d'indigence sentimentale, cette indigence tendra à se répercuter sur tous les plans : nous chercherons à réduire notre amplitude existentielle. Ce n'est qu'au fur et à mesure que nous retrouverons une existence sentimentale correcte que nous nous laisserons à nouveau aller aux plaisirs de la vie.

Un dernier mot sur le sujet : une expression très « tendance » veut qu'on apprenne à s'aimer soi-même. Je dois dire que j'ai un peu de mal avec cette expression car derrière son aspect « fashion », j'y vois une forme de narcissisme contemporain assez navrante. Plutôt que de vous lancer dans l'amour de soi et dans ses excès, apprenez plutôt à culti-

> Si vous deviez parcourir un trajet en train d'une cinquantaine de km, prendriez-vous une première classe ou une seconde ? Si c'est en seconde, en dehors de problèmes de budget vraiment serré, pourriez-vous dire pourquoi ?

ver le « souci de soi » ; en d'autres termes, le « soin » de soi. C'est par lui que vous rétablirez l'estime de vous-même dont vous avez dans cette période si urgemment besoin.

L'âge est un faux problème

L'un des arguments que les psychothérapeutes entendent le plus souvent dans les situations d'après rupture est celui de l'âge.
Le plus étonnant, c'est que chaque catégorie de population avance le même. Vous ne le croirez peut-être pas, mais c'est une impasse que peut ressentir une jeune personne de vingt ans, comme une personne de quarante ou de soixante ans. Dans un cas comme dans l'autre, leur sentiment est renforcé par les préjugés ambiants.

✓ Concernant les jeunes : d'aucuns pensent qu'il est plus facile de faire face à une rupture et à ses dégâts collatéraux lorsqu'on est jeune. (Les jeunes ont la vie devant eux !) Je crois que c'est une erreur et que ce genre de jugement leur rend la tâche plus difficile encore. Car c'est comme si on leur déniait le droit de souffrir, d'être malheureux ou de se sentir « perdu ». Ce n'est pas parce qu'on a la vie devant soi qu'on récupère plus vite. C'est une question de circonstance, de personnalité, de sensibilité. De fragilité aussi. Dans ce contexte, l'un des arguments les plus dénigrants est celui qui consiste à leur asséner : Un(e) de perdu(e), dix de retrouvé(e). C'est vraiment faire fi de leurs sentiments et prendre leur amour pour une simple amourette. Au demeurant, c'est certainement une réflexion dont on s'abstiendrait avec une personne plus âgée.

✓ Concernant les moins jeunes : bien que les mentalités aient beaucoup évolué, l'image que véhicule encore trop souvent la société vis-à-vis de la belle cinquantaine est ambiguë.
D'un côté, la société et les médias ne cessent de nous seriner que nous possédons encore toutes nos potentialités (voyez la pub : « Parce que je le vaux bien. »). D'un autre, cette même société nous fait sentir qu'on

« Les apparences balbutient les vérités qu'elles recèlent ».

André Gide,
« Le traité de Narcisse », p.23.

a déjà eu une vie assez remplie, avec un métier, des enfants, un patrimoine et qu'il faut céder la place.

Tous ces préjugés apportent de l'eau au moulin des uns et des autres : il n'y a qu'un pas pour qu'ils reprennent à leur compte le regard que l'extérieur porte sur eux.
En fait, le problème de l'âge, pardonnez-moi d'être aussi direct, est un faux problème. Ce que je veux dire par là, c'est qu'il sert d'argument pour justifier les terribles difficultés que chacun d'entre nous rencontre lorsqu'il doit repartir dans la vie après une rupture, que ces difficultés soient d'ordre sentimental, social, financier ou autre.

Que cette année soit porteuse de bonnes choses comme la précédente le fut pour moi grâce à vos petites lumières qui m'ont guidée vers celui que j'aime.
En ne vous remerciant jamais assez.

Lettre de Kathia reçue début janvier.

Le vrai problème est un problème d'image. Il est difficile de superposer les deux : celle de la personne qui a avancé dans la vie, qui a vécu des expériences, qui en a connu les vicissitudes, et celle qui, maintenant, doit refaire sa vie.

On n'est jamais pauvre d'une expérience, mais riche. Et cette richesse se lit dans notre regard, dans notre façon de nous comporter, dans notre façon d'agir. Il faudrait juste arrêter de vouloir être conforme à l'image que nous nous sentons obligés de donner.
Il y a quelques années, la marque Renault avait axé sa publicité pour la Twingo sur le leitmotiv : « A vous d'inventer la vie qui va avec. » J'avais bien aimé ce slogan car je trouvais qu'il pouvait s'appliquer dans bien des domaines, y compris dans celui de la conjugalité.

Se remettre dans une dynamique de séduction

Dans la même veine est une autre question, tout aussi gênante pour nombre d'entre vous, surtout pour vous, les femmes, à savoir : com-

L'amour guérit l'amour !

ment se remettre en piste sentimentalement parlant après que la rupture a été consommée. Je vois déjà les levées de bouclier et les arguments pleuvoir : « On n'aime qu'une fois » ou « Avec le temps, on devient trop exigeant » ou encore « A mon âge, on n'intéresse plus personne ». (Tiens, nous y revoilà !) S'il y a là une part de vrai, vous conviendrez que ces arguments servent aussi de prétexte à une question beaucoup plus embarrassante, à savoir, la nécessité de se remettre, osons le mot, dans une dynamique de « séduction charnelle », ce que j'appelle parfois, pour plaisanter, faire la danse du ventre.

Bien sûr, lorsqu'on a vécu une relation dans la durée, qu'on a assis sa situation conjugale, familiale et sociale, on se trouve encore séduisant(e) quelque part, mais en même temps on se sent à des années-lumière de l'idée de re-séduire quelqu'un, ou « pire », de s'imaginer faire l'amour avec lui ! Combien de fois ai-je entendu en consultation : « Vous ne voulez tout de même pas que je fasse l'amour avec le premier venu ? » Je vous laisse savourer ici l'argument.

Parce qu'on s'estimait définitivement « rangé(e) » jusqu'à un passé proche, parce qu'on a pris de l'âge, parce que notre corps ne correspond pas ou plus à l'idéal véhiculé par les médias, parce qu'on se sent différent des autres, on se met hors course. Et pour mieux se convaincre soi-même, on se dit que même si on voulait, on ne saurait même plus comment s'y prendre et l'on se sent honteux ou honteuse rien que d'y penser. (« Que diraient mes amis – ou mes enfants, ou mes collègues... ? »)

Notre société est débilitante à bien des égards, mais je trouve qu'en la matière, elle a positivement fait avancer les choses durant les deux ou trois dernières décennies. Avec l'accroissement de l'espérance de vie, le troisième âge s'est trouvé détrôné par le quatrième et le cinquième âge, de sorte qu'aujourd'hui il ne paraît plus choquant qu'une personne de 50 ou 60 ans veuille refaire sa vie.

Se mettre en position de séduction, charmer, faire la danse du ventre, ou draguer, comme disent les hommes, n'est évident pour personne. Toutefois, cessons de penser que ce serait une question d'âge : c'est une question de tempérament. Certains (plutôt rares) ont cette facilité, d'autres (une grosse majorité) ne l'ont pas. Toute comparaison est donc inutile.

En revanche, une chose me semble sûre : le principal obstacle à un nouveau départ après une rupture réside dans le fait que nous continuons de penser au passé. L'autre, mon « ex » comme vous l'appelez si souvent, est encore beaucoup trop présent dans votre vie et dans votre esprit, de sorte que vous êtes systématiquement poussé à comparer chaque nouvelle personne qui se présente à son fantôme. Et comme vous vous sentez incertain ou incertaine, vous préférez faire tomber le couperet. Exit !

Je reviens sur l'idée du rivage : si vous deviez choisir l'image d'un rivage pour accueillir un nouvel homme ou une nouvelle femme dans votre vie, pensez-vous que votre rivage actuel serait le bon ? Seriez-vous prêt(e) à en changer ? Notez-le aussi dans un coin, cela vous servira un peu plus loin.

En fait, le choix vous appartient, mais personnellement, je trouve douloureux de voir des personnes belles intérieurement et extérieurement renoncer d'emblée à une vie amoureuse juste parce qu'elles restent bloquées sur une seule personne. On peut aimer plusieurs fois dans la vie, c'est une évidence. Il faudrait juste laisser à la vie une petite chance de nous décoincer.

Un dernier point : j'entends souvent des personnes dire que de toute manière, elles ne voudraient plus habiter avec quelqu'un d'autre. Pourquoi pas ? Mais cet argument ne devrait pas vous empêcher de trouver l'âme sœur, car après tout, qui peut affirmer qu'elle ne se trouve pas elle-même dans le même état d'esprit ? Souvenez-vous : à vous d'inventer la vie qui va avec !

Plaire, séduire ou charmer

L'une des circonstances les plus embarrassantes consiste à nous envisager dans une perspective de séduction. Que les autres nous trouvent adorables ou désirables est une chose, que nous puissions une seule seconde porter sur nous-mêmes un tel regard en est une autre. Il faut dire qu'en la matière, rien n'est simple : d'un côté, les médias – surtout féminins – nous montrent la voie d'une libéralisation des mœurs presque effrénée, tandis que d'un autre, la morale classique ne laisse pas de nous faire douter de nos comportements dès que ceux-ci laissent entrevoir un désir un peu marqué de plaire ou de séduire. C'est comme si persistait un tabou, suranné certes, mais dont nous peinons encore à nous débarrasser.

Cette ambivalence est accentuée par deux sentiments : l'humilité et l'orgueil. Le premier nous conduit à nous inférioriser par rapport à notre désir. (Pour qui tu te prends !) Le second à éviter de nous mettre en avant, même lorsque nous en mourrons d'envie. (Pas question de m'exposer comme ça !)
L'orgueil, lorsqu'il n'est pas outrancier, ne me semble en rien condamnable. L'humilité, elle, est une belle qualité, mais souvent mal comprise et mal interprétée. Incapables de faire la part des choses entre les deux, nous réagissons par de fausses pudeurs qui nous conduisent souvent à nous présenter sous notre pire jour.
La question la plus universellement posée par chacun en son for intérieur est certainement : « Qu'est-ce que je vaux aux yeux des autres ? » Pour ma part, je ne connais personne qui n'ait envie de plaire. Et même lorsqu'une

✓ Vouloir plaire : c'est vouloir exister dans le regard de l'autre.
(La coquetterie, par exemple, fait partie de cette catégorie.)

✓ Séduire : c'est voir si l'autre va marcher.

✓ Charmer : c'est faire en sorte que l'autre marche.
(Les enfants sont les champions de cette catégorie, lorsqu'il s'agit de nous faire les yeux doux.)

> « Elle disait souvent : Je n'ose,
> Et ne disait jamais : Je veux. »
>
> *Victor Hugo, « Contemplations », « Pauca mea », VII.*

personne fait tout pour déplaire, c'est encore une façon d'attirer notre attention et notre regard.

Il est normal de vouloir être reconnu, apprécié, aimé. Chacun a sa technique bien particulière pour être reconnu aux yeux des autres. De même, chacun a entre ses mains les cartes de la séduction qui lui correspondent le mieux. Pour les uns, ce sera l'attirance physique ; pour d'autres, la beauté intellectuelle ; pour d'autres encore, la grandeur d'âme, ou la grâce, etc.

Lorsque nous sortons d'une rupture, que nous nous en apercevions ou non, notre taux de séduction est à peu près égal à zéro. Soit que nous nous mettions en représentation de nous-mêmes, affichant un masque qui ne correspond absolument pas à notre ressenti, soit que nous nous mettions totalement en retrait pour ne surtout pas être remarqués. Malgré les blessures que vous pouvez porter encore en vous, essayez de repenser votre rapport à la séduction. Car plaire et vouloir plaire ne sont pas une question d'âge mais une question d'estime de soi.

Attention fragile !

À l'opposé des personnalités évoquées précédemment, certains vont multiplier les expériences tous azimuts pour conjurer les moments de déprime toujours douloureux. Disons d'emblée que cette politique est incontestablement saine, salutaire, même. Ce coup de jarret qui vous fait remonter à la surface, comment ne serait-il pas le bienvenu ? Cependant, il arrive que la détente soit donnée de manière un peu anarchique ou intempestive et que nous nous retrouvions dans des postures que nous n'avons vraiment pas choisies et dont les conséquences nous échappent.

Disons-le sans détour : dans ces temps d'après rupture, on ne peut rêver pire période pour tout ce qui concerne nos décisions et nos orientations. C'est comme si nous devenions naïf, indécis, sans consistance. Notez que ce sera du reste souvent dans ces temps de fragilité psychologique qu'on sera le plus vulnérable à toutes les sortes de mouvements

sectaires et autres groupuscules pseudo-humanitaires sentant le soufre. Leurs prosélytes savent si bien exploiter la crédulité des gens blessés ! C'est là un cas extrême, me direz-vous, mais assez fréquemment rencontré dans ma consultation pour que je vous en avertisse.
Cela étant dit, il faut bien avouer que nos bévues les plus classiques sont celles concernant nos rencontres à fins sentimentales. Que ne donnerait-on pas pour avoir le sentiment de compter pour quelqu'un ! Bien sûr, il arrive qu'on tombe dès la première fois sur la perle rare, mais en règle générale, il nous faudra passer plusieurs fois le Rubicon de la médiocrité avant de rencontrer quelqu'un avec qui l'on puisse envisager sérieusement quelque chose. Nombreuses sont les personnes rencontrées dans ce genre d'occasion qui vivent en eau trouble, soit qu'elles mènent une vie dissolue, soit qu'elles recherchent une aventure sans lendemain, soit encore qu'elles soient elles-mêmes si désespérées qu'elles nous entraînent dans la spirale de leurs incertitudes existentielles. Il nous faudra alors toute la clairvoyance et toute la circonspection du monde pour séparer le bon grain de l'ivraie et éviter de nous trouver entraînés dans des histoires sordides qui n'ont vraiment rien à voir avec l'amour.
Comprenez-moi bien, il ne s'agit pas de moralisme. Je ne suis pas en train de vous conseiller de rester cloîtré chez vous et de ne prendre aucun risque ; je vous mets simplement en garde par rapport à la fragilité intérieure qu'il y a en chacun de nous à certains moments de notre vie et qui nous pousse à être ce que nous ne sommes pas et à faire ce que notre conscience, en d'autres circonstances, analyserait de façon autrement plus critique. Je reviendrai plus loin sur cette question lorsqu'il s'agira d'évoquer la question des sites de rencontre.

La vie après une rupture implique de réinventer une certaine façon de penser, de sentir, de vivre les choses, de trouver en nous de nouvelles ressources, de nouvelles énergies, mais aussi de retrouver nos marques. Les intempéries que la rupture a fait planer sur notre existence nous auront rendus parfois trop méfiants, parfois pas assez. Quelle que soit la situation d'instabilité que vous traversez, veillez à garder un semblant de gouvernail sur ce qui vous arrive. Et surtout, remettez les grandes décisions à plus tard.

4. Une autre vie de famille

Dans les pages qui suivent, nous allons nous occuper de la question de la solitude et des divers sentiments qu'elle engendre ou renvoie. Nous verrons que, paradoxalement, on peut souffrir de solitude tout seul ou à plusieurs. Se retrouver seul ? *Au-delà de l'épreuve, qu'est-ce à dire ?*

Vivre seul est un apprentissage

Lorsque chacun a pris ses marques après une rupture et qu'on vit séparément, on voit les choses de manière bien différente et même si on sait que l'autre habite la même ville et qu'on pourrait l'appeler en cas de difficultés, on se sent vraiment très seul. En fait, ce sentiment de solitude ne se limite pas aux « coups durs », il s'étend à tous les domaines de la vie dans lesquels on avait l'habitude de « naviguer » à deux et qu'on doit désormais affronter seul. Cela peut concerner les situations les plus difficiles, telles que subir une maladie grave ou procéder à un déménagement, comme les plus simples, telles que se balader dans la rue, aller au cinéma ou se rendre une invitation. Et l'on découvre alors que ce n'est pas tant la solitude qui nous taraude que le sentiment de malaise de n'être pas accompagné. Une fois prise l'habitude de penser, d'agir, de décider, de projeter à deux, il paraît tout simplement impossible d'envisager les choses autrement ; c'est à une véritable rééducation qu'il faudra se livrer pour retrouver – et parfois trouver tout court – les réflexes d'autonomie les plus élémentaires. Telle est, en effet, la réalité : il y a eu la vie d'avant, avec tout ce qu'on a connu, et il y a maintenant la vie d'après, toute faite de nouveauté, d'étrangeté et d'incertitudes.

Il faut vraiment nous défaire d'un préjugé : apprendre (ou réapprendre) à vivre seul n'est simple pour personne. Quelque bonne figure qu'on fasse, et, répétons-le, quel que soit notre âge, la chose sera vécue comme complexe, menaçante, redoutable. Pour l'un comme pour l'autre. Car au-delà des clichés habituels (« Il faut apprendre à vivre seul », ou encore :

Solitude rime avec lassitude.

« On est toujours tout seul dans la vie »...), il s'agit de s'accommoder de nouveaux paramètres et d'inventer de nouveaux modes d'existence, et lorsque des enfants sont là, les impliquer avec suffisamment d'intelligence et de sensibilité pour ne pas leur faire porter le fardeau d'une situation qui leur a été imposée. Voyons cela de plus près.

La difficile question des enfants

C'est une chose que de vivre une rupture conjugale, c'en est une autre lorsqu'il s'agit d'embarquer nos enfants dans une aventure qui a toutes les apparences d'une expédition punitive.

Les enfants sont des cadeaux que la vie nous offre, mais force est de constater que leur gestion suppose une énergie à toute épreuve. Tant qu'on est deux pour assumer cette tâche, et même si la présence de l'autre (souvent le père, il faut le reconnaître) est plus « symbolique » qu'effective, on se sent – ne serait-ce que physiquement – épaulé, secondé. Du moins a-t-on l'impression d'avoir quelqu'un à qui parler en cas de difficulté majeure. Mais une fois installé dans notre nouvelle existence, les choses apparaissent sous un nouveau jour et ce qui aurait pu paraître insignifiant dans la vie d'avant prend maintenant une amplitude insoupçonnée.

La situation des enfants

La première chose qu'il va falloir gérer, c'est la désorientation des enfants. Si jusqu'à présent, bon an mal an, ils ressentaient l'autorité structurante et encadrante de leurs deux parents, ils se trouvent maintenant comme en roue libre. Et même si le parent présent s'efforce de jouer les deux rôles (instance nourricière et affective d'un côté, instance disciplinaire de l'autre), ils sentent bien que les choses ne sont plus pareilles.
L'une des craintes les plus habituelles est de penser que les enfants vont profiter de cette nouvelle situation pour « dérailler » et se livrer à tous les abus. Je voudrais m'exercer en faux contre ce soupçon et ce, pour trois raisons.

✓ D'abord, parce que ces prétendus abus ne sont d'ordinaire que les soubresauts du traumatisme et du désarroi des enfants face à la rupture du couple parental.

> Le cœur d'un parent ne se divise pas, il se multiplie.

✓ Ensuite, parce qu'il me semble qu'en la matière, il y a deux poids, deux mesures entre ce que les parents s'autorisent eux-mêmes et ce qu'ils réprouvent chez leurs enfants (besoin de liberté, nécessité de trouver vers l'extérieur une énergie psychologique que le cadre familial ne leur fournit plus…).

✓ Enfin, parce que les angoisses des parents tendent à rigidifier leurs comportements vis-à-vis de leurs enfants et les conduisent à des excès d'autorité qui amènent ces derniers, par réaction, à s'opposer à eux. En d'autres termes, c'est l'excès d'autorité parentale qui les conduit à vouloir transgresser des interdits mineurs qu'en d'autres circonstances ils admettraient parfaitement. (Puisque tu ne veux pas que je le fasse, je vais le faire.) Il est à noter enfin que si les parents ont de tout temps été des parents autoritaires et répressifs, le comportement des enfants sera une réponse normale à ce relâchement de tension que crée inévitablement la rupture.

Quels que soient leur âge et la situation présente, il faudra aux enfants du temps pour se resituer, pour prendre leurs nouvelles marques, pour réinventer leurs rapports tant au parent présent qu'au parent absent. Car lorsque deux personnes ne s'aiment plus et se quittent, on n'a plus affaire aux mêmes personnes. C'est comme si une nouvelle personnalité s'imposait à eux, à laquelle il faudra s'adapter ou qu'il faudra apprivoiser.

> Pas facile de gérer tout cela dans une certaine douceur et de maintenir l'équilibre avec les enfants, j'ai fait le maximum pour garder une ambiance « humaine ».
>
> *Dominique, 50 ans, 2 enfants.*

En des circonstances si particulières, il faudrait ne pas faire un enjeu majeur de choses mineures, car alors vous perdriez toute crédibilité lorsqu'il s'agira de faire face à des problèmes autrement plus importants ou plus graves. Plutôt que de vous perdre dans des attitudes arbitraires indifférenciées, gardez le contact avec vos enfants, maintenez un bon degré de relation et de communication. Restez gentil, compréhensif, patient. C'est dans ce climat de confiance et de tolérance que vos enfants parviendront le mieux à retrouver leurs marques, leur confiance en eux et en vous, et à se rétablir dans un équilibre de vie correct.

La situation de la mère

La nouvelle conjoncture familiale est aussi très déstabilisante pour la mère confrontée à deux types de situation inédits :
1) se retrouver seule avec les enfants,
2) se retrouver seule sans eux. (Nous verrons tout à l'heure comment il en va pour le père dans cette même configuration).

✓ Seule avec les enfants. Force est de l'admettre, cette situation ne fera souvent que corréler un état de fait préexistant. Tout au plus la mère aura-t-elle maintenant les coudées plus franches. Elle pourra instaurer l'ambiance qu'elle veut donner à son foyer sans avoir à composer avec un mari ou avec un compagnon qui pouvait avoir des avis divergents sur bien des choses. D'un autre côté, sur le plan discipline, du fait du poids psychologique de cette nouvelle situation, elle aura tendance à en rajouter par peur de ne pas être obéie dans ses directives. C'est souvent dans ce rajout que se trouvera l'excès qui conduira aux crises que tout monoparent rencontre avec ses enfants, surtout lorsque ceux-ci atteignent l'adolescence.

✓ Seule sans les enfants. Quelle que soit la solution retenue au moment du divorce ou de la séparation (garde continue, garde alternée, répartition des jours de vacances...), la mère ne va plus avoir à s'occuper des enfants à plein temps comme elle le faisait précédemment. Lorsque durant des années la quasi-totalité des soins, des soucis, des arbitrages, des disputes, des chagrins petits et grands sont passés par vous, je peux vous affirmer que cet apprentissage n'est pas une sinécure. En fait, quoique peu visible, c'est à une véritable remise en question de toute son image de mère, mais aussi de femme à laquelle elle va avoir à se confronter. Car déléguer la garde des enfants pour un après-midi ou une journée est une chose, se séparer d'eux pour plusieurs jours ou plusieurs semaines en est une autre, totalement différente. Et l'angoisse qui la taraude, bien que la chose ne soit jamais vraiment avouée (pour qui passerait-on !), n'aura pas seulement pour origine le souci de savoir comment les enfants se portent loin d'elle ni comment leur père s'occupe de leurs besoins et de leur bien-être, mais aussi de savoir comment elle va pouvoir maintenant remplir ce vide béant laissé par leur absence.

Faites l'expérience : combien de fois un enfant prononce-t-il le mot « maman » dans la journée ? Et le mot « papa » ? Éloquent, n'est-ce pas ?

En règle générale, même si ces nouveaux temps libres sont les bienvenus, même si elle a pu mille et mille fois les appeler de ses vœux dans le passé, quand elle n'avait pas un moment à elle, il lui faudra apprendre à lutter contre elle-même pour les faire vraiment siens et en faire quelque chose de cohérent.

Toutes les femmes qui sont passées par ce chemin savent de quoi je parle. Elles ont vécu au plus profond de leur cœur, sinon de leur chair, ce sentiment d'arbitraire de se voir « enlever » leurs enfants sous prétexte que leur mari ou leur compagnon en était le géniteur. Ce n'est que petit à petit qu'elles auront réappris à apprivoiser ces longues plages de temps à consacrer à elles-mêmes et pour finir, même, à y prendre goût.

La situation du père

Comme nous allons le voir maintenant, le père non plus n'est pas épargné par ses nouvelles conditions de vie et les ambiguïtés dans son comportement ne manquent pas. Je procéderai ici comme je l'ai fait pour la mère et vous montrerai comment s'organise sa vie lorsqu'il se retrouve 1) seul sans ses enfants et 2) seul avec eux.

✓ Seul sans les enfants. Bien que tout ait pu laisser à penser que le père était assez peu investi dans la relation aux enfants, du moins en comparaison avec leur mère, celui-ci va vivre une véritable révolution lors

de la rupture. Les conséquences qui résulteront pour lui de la séparation n'auront rien à envier à celles vécues par la mère des enfants, s'inscrivant tout pareillement, bien qu'à un autre niveau, dans sa chair.
La révélation principale que va apporter la séparation sera que maintenant qu'il ne les a plus, ses enfants lui manquent. Alors qu'il ne les percevait pas vraiment comme « indispensables » quand il les avait à demeure, leur absence lui fait soudain cruellement défaut. Je vous vois sourire, surtout vous, mesdames, et pourtant il ne faudrait pas mésinterpréter cela en réduisant la chose à l'équation psychologique simpliste de l'enfant gâté : « Il veut ce dont il est privé. » Le choc émotionnel lié à leur absence est véritable. Toutefois, comme généralement l'homme à tendance à masquer ses sentiments plutôt qu'à les exprimer, son ex-compagne aura tôt fait de traduire ce soudain intérêt comme une stratégie grossière visant à détourner d'elle les enfants, plutôt que comme des marques d'amour authentiques. Ainsi, lors des moments de séparation, sera-t-elle exaspérée de voir le père des enfants multiplier les marques de tendresse, les étreintes et les mots doux (« Dis à ton papa comment tu l'aimes », « Tu vas me manquer, tu sais »), alors qu'il semblait afficher la plus pure indifférence quelque temps auparavant. Pour tardifs qu'ils soient, ces témoignages d'amour sont sincères. Il a juste fallu que la séparation passe par là pour que l'homme s'en aperçoive et ose les manifester. Il en va hélas des situations familiales comme des autres en général. Il faut qu'un être nous soit arraché pour nous faire comprendre combien nous tenions à lui.

En matière d'éducation, deux et deux font rarement quatre !

✓ Seul avec les enfants. Si le poids essentiel portait chez la mère sur la pression psychologique, c'est sur celui d'une logistique pour le moins inhabituelle que le père butera, s'apercevant au passage combien ses enfants sont singuliers dans leur façon de vivre, de penser, de rêver.
La vie va tellement changer pour lui qu'il ne va pas se reconnaître lui-même. Lui si sûr de ses convictions en matière d'éducation, de comportement, d'exigences, d'obéissance va devoir faire l'apprentissage de l'inattendu, de l'imprévisible, de l'insolite, du singulier. Et, paradoxe des paradoxes, il découvrira par la même

occasion que le « C'est comme ça et pas autrement » a des géométries dont la variabilité lui avait longtemps échappé. Une fois la barrière de l'autorité du patriarche franchie, laissant parler l'homme qu'il est, un monde insoupçonné va s'ouvrir à lui. Lui naguère si peu impliqué (toutes proportions gardées) dans les petites vicissitudes enfantines va apprendre dans ce cours de rattrapage hyperaccéléré son b.a.-ba familial et découvrir le plaisir qu'il peut y avoir à écouter, consoler, conseiller, cajoler un enfant et surtout le bonheur de l'avoir tout à soi, je veux dire sans le filtre maternel. Comme il leur consacre maintenant plus de temps, eux se trouvent par retour davantage investis dans la relation et lui témoignent plus d'attention et d'amour, ce qui ne laissera pas de l'étonner et de le ravir. (Je ne suis donc pas qu'un porte-monnaie !)

Tous les hommes qu'il m'a été permis de voir ou d'accompagner en psychothérapie ont pu en témoigner. Une fois les premières difficultés d'adaptation passées, la séparation a ouvert pour eux des voies qu'ils n'auraient jamais soupçonnées, rendant ainsi possible l'établissement d'une vraie relation, originale et authentique, avec des enfants qu'ils percevaient plus comme les acteurs d'une pièce qui se jouait devant eux que comme des partenaires réels.

Se retrouver seul, qu'est-ce à dire ?

Laissez-moi vous dire un dernier mot sur cette question. Dans l'expression « se retrouver seul », on entend le mot solitude, bien sûr, mais on entend aussi « se retrouver ».

L'épreuve de la séparation entraîne certes de très importants déséquilibres dans notre vie, elle nous secoue, nous remet en question, nous lamine, nous anéantit. Mais elle n'est pas que cela. Quelque douloureuse et angoissante qu'elle soit, elle porte en elle des aspects qui peuvent malgré tout être vue positivement. Elle nous force à nous reprendre en main, à nous recentrer dans notre vie, à repenser nos convictions, nos envies, nos désirs, nos projets, bref, à retrouver notre énergie vitale personnelle. En nous obligeant à nous ressaisir dans notre propre autonomie, elle nous remet dans la vie. L'expression « se retrouver seul » est à prendre dans les deux sens. Elle nous parle certes de ce sentiment d'abandon et de chagrin, mais elle nous parle aussi de la possibilité de retrouver en nous la personne que nous avions perdu de vue et qui ne demandait qu'à ré-exister.

5. Envisager la vie avec plus de lucidité

Les divers thèmes abordés jusqu'à présent montrent combien une rupture est complexe et à quels processus psychologiques (mécanisme de défense, infériorisation de soi, découragement, culpabilité...) elle fait appel. Généralement, le passage d'un état de vie à un autre prendra du temps car nos investissements amoureux, pour meurtris qu'ils aient été, ont, comme le dit l'adage, leurs raisons que la raison ne connaît pas.
Comment rester honnête vis-à-vis de ce qu'on ressent et faire dans le même temps la part du deuil ? Jusqu'où faut-il aller dans l'intériorisation de ce sentiment de perte et à partir de quand pourra-t-on commencer à se reconstruire ? Pour repartir dans une nouvelle vie, il va nous falloir faire face à un certain nombre de freins. Nous allons voir lesquels.

Il y a problème et problème

Les difficultés conjugales, qu'on en soit à l'origine ou qu'on en soit la victime, sont toujours déstabilisantes et nous éloignent de notre vraie personnalité.

Dans la vie quotidienne, nous sommes pour l'essentiel confrontés à deux types de problèmes. Les premiers sont d'ordre technique. Changer de lieu de résidence, acheter une nouvelle voiture ou installer un nouvel ordinateur entrent, par exemple, dans cette catégorie. Malgré leur caractère fastidieux, ils sont relativement faciles à gérer car ils font appel à notre organisation ou à notre réflexion. Les seconds ont trait à notre monde interne et émotionnel. Leur caractère éminemment subjectif les rend beaucoup plus délicats à cerner et surtout à analyser car ils réfèrent à notre subjectivité et à notre sensibilité la plus profonde.

La vie après une rupture, vous l'aurez compris, entre dans cette seconde catégorie. Plus la période de pré-séparation aura été dure ou aura posé problème, plus nous aurons été perturbés dans notre propre perception,

soit que nous ayons été amenés à nous affirmer plus que de raison, soit que cette perspective nous ait ébranlés au plus profond de nous-mêmes. Dans les deux cas, incertitudes, tergiversations et mauvaise conscience auront été au rendez-vous :
- incertitudes devant les conséquences multiples que la rupture n'a pas manqué d'avoir sur l'ensemble de notre vie et celle de nos enfants ;
- tergiversations quant à la nécessité d'entraîner l'autre, les enfants et soi-même dans une tourmente incontrôlée et incontrôlable ;
- mauvaise conscience d'avoir dû monter au créneau pour défendre bec et ongles nos positions et nos intérêts.

La rupture laisse par conséquent des traces à deux niveaux :
- elle nous ébranle et nous insécurise puisqu'elle nous pousse à nous mettre en débordement de nous-mêmes en adoptant des comportements inhabituels et, reconnaissons-le, la plupart du temps inadaptés ;
- elle remet en cause notre propre image, soit pour ce que nous avons fait (quoi qu'on en dise, il n'est jamais plaisant de se voir agir comme un malpropre), soit pour ce que nous avons subi (il est douloureux d'être victimisé ou traîné dans la boue).

Les comportements que nous avons adoptés durant la rupture doivent être compris comme des comportements de crise. Ce que je veux dire par là, c'est que – sauf exception – ils ne correspondent pas à la personne que nous sommes vraiment. Nos abus, nos excès, nos démesures, nos folies, et hélas ! aussi, il faut bien le dire, nos violences ne sont que la traduction d'un désespoir et d'une incommunication qui n'ont d'égal que l'hébétude dans laquelle ils nous plongent.

« Être, ou ne pas être, c'est là la question. Y a-t-il plus de noblesse d'âme à subir la fronde et les flèches de la fortune outrageante, ou bien à s'armer contre une mer de douleurs et à l'arrêter par une révolte ? »

Shakespeare, « Hamlet », acte III, scène I.

Image de soi et sentiment de sécurité vont de pair. Tant que notre image de soi n'a pas été rétablie, nous ne pouvons pas nous sentir sécurisés. Or, c'est précisément notre sentiment de sécurité qui nous permettra de nous réorienter vers notre nouvelle vie. C'est ce que je vous propose de voir maintenant.

L'amour et la relation sont deux choses différentes

Lorsqu'il s'agit de quitter quelqu'un qu'on a aimé, il n'existe aucune norme. Pour certains, ce sera juste un très mauvais cap à passer, pour d'autres, la chose sera vécue comme une blessure infinie, inguérissable, définitive. Paradoxalement, on peut décider de mettre un terme à une relation alors qu'on aime encore la personne qu'on quitte.

J'entends souvent des personnes me dire : « Je suis encore attaché à lui ou à elle, est-ce normal ? » Il est bien difficile en matière amoureuse de trancher ce qui est normal et ce qui ne l'est pas, ce d'autant plus que nous tendons à confondre ce qui ressort du monde des sentiments et ce qui ressort de la relation proprement dite.

Lorsque je dois expliquer cette différence, je prends l'image du sang qui circule dans les artères de notre corps. Le premier figure l'amour, les secondes, la relation. Si les artères sont en bon état, le sang circule normalement. Mais si elles sont encombrées (en médecine, on appelle cela des athéromes, il s'agit d'une dégénérescence des parois artérielles), le sang ne peut plus circuler librement et le cœur souffre. Eh bien il en va sensiblement de même pour un couple en crise. Dans l'immense majorité des cas, ce n'est pas l'amour qui est en cause, mais la façon dont les deux membres du couple ont géré leur relation au quotidien et les difficultés qui en ont résulté. C'est pourquoi nombre d'entre nous, après une séparation, bien qu'ayant souhaité la rupture, ne parviennent pas à se ressaisir et restent encore si attachés affectivement l'un à l'autre. Ceci explique aussi pourquoi leurs proches ont d'ordinaire tant de mal à les aider dans ce difficile passage car toute tentative pour relativiser les choses et alléger leur chagrin sera interprétée comme un manque de compréhension ou comme une mésestimation de la puissance de leur amour.

> La normalité n'a pas d'importance, pourvu que ce soit notre normalité.

> L'amour est le sentiment éprouvé réciproquement par les amoureux. La relation, c'est la façon dont ils se rencontrent au quotidien.

L'amour qui unit deux personnes est un sentiment unique et original qui ne souffre aucune comparaison ni aucun catalogue. Chacun de nous le perçoit à sa façon, avec la personnalité qui le caractérise et la sensibilité qui l'accompagne. Votre façon d'aimer est la vôtre et n'appartient qu'à vous et ne peut se comparer à nulle autre.

Mais en même temps, il vous faut faire l'effort de comprendre que ceci vaut tout pareillement pour l'amour que l'autre éprouve. Il ne peut pas se comparer au vôtre. Qu'il vous semble superficiel, sage, excessif ou même fou n'est en fin de compte qu'une projection personnelle, une vue subjective qui ne vous renseigne en rien sur sa vraie nature, car c'est un sentiment vécu par l'autre et non par vous.

L'amour est un sentiment intime éminemment respectable. En faire le deuil est une affaire toute personnelle. Personne ne peut donner aucun conseil en la matière. Il appartient à chacun de nous de savoir quand il se sentira prêt à alléger son cœur de cette nostalgie pour songer à se réinscrire autrement dans la vie. Une chose semble toutefois certaine : tant que nous n'aurons pas entièrement désinvesti notre relation précédente, nous ne disposerons pas de la liberté d'esprit et de cœur pour nous inscrire dans une autre histoire. À chacun, donc, d'examiner en conscience la vie qu'il veut mener et les chemins qui s'offrent à lui pour y parvenir. Tel est le prix à payer pour vivre à nouveau l'amour.

La récurrence des anciens schémas amoureux

Une autre difficulté qu'on trouve rarement abordée dans les livres à propos de la résolution du travail de deuil est celle de la récurrence des schémas amoureux vécus dans la précédente relation. Je vais vous expliquer ce que j'entends par là.

Il arrive souvent que, pressée par son entourage ou par sa propre volonté, une personne se risque à plonger assez vite dans une nouvelle expérience sinon amoureuse, du moins sentimentale. Avec bonne volonté, elle se laisse entraîner dans cette drôle d'« aventure », renouant avec une histoire d'elle-même qu'elle pensait oubliée, mêlant dans des proportions difficiles à saisir réticence, émotion, excitation et curiosité. Au fil des jours, découvrant ce nouveau monde que lui dévoile cette nouvelle personne, elle redécouvre des sensations, des attitudes, des manières d'être qui lui plaisent bien, mais qui, en même temps, la bouleversent et la plongent régulièrement dans des accès de tristesse.

> Récurrence : retour, répétition.

L'argument qu'on servirait habituellement en pareille occasion serait de présumer que cette personne est allée trop vite en besogne et que le deuil de sa précédente relation n'était pas encore arrivé à son terme. Cet argument semble logique, mais j'aimerais risquer une autre explication.

En réalité, ce que la personne vit dans cette idylle la renvoie bien sûr à l'échec de tout ce qu'elle avait investi dans la relation précédente (projets, relations, découvertes, rencontres...), mais cela lui fait surtout revivre tout ce qu'elle avait vécu à la naissance de sa précédente relation, j'entends par là : les élans, les désirs, l'exaltation, l'enthousiasme qui avaient accompagné les projets à cette époque. C'est cette superposition de deux ressentis semblables vécus avec deux personnes différentes qui crée chez elle un conflit psychique et qui la plonge dans l'état de tristesse qu'on lui connaît.

En résumé, si les premières idylles d'après séparation ne marchent généralement pas, ce n'est pas uniquement en raison des sentiments qu'on continue d'éprouver pour l'autre, mais aussi à cause de la résurgence des premiers sentiments passés qui se remanifestent à cette occasion. C'est à comprendre et à dépasser cet écueil que vous pourrez définitivement tourner le dos à cette partie de votre passé et véritablement envisager un autre avenir.

Le sentiment de perte et la peur du changement

Lorsque les choses vont mal, nous avons tendance à nous complaire dans la situation, comme si notre malheur devait peser plus lourd encore. Pour étonnant qu'il soit, ce processus fait partie intégrante du travail de deuil, il est même salvateur car, au bout du compte, il nous force à entreprendre un « ménage affectif » qui nous rebuterait en d'autres circonstances.

On peut analyser une chose de façon juste, mais pour de mauvaises raisons.

Le troisième frein dont je voudrais vous parler est celui du sentiment de perte et de la peur du changement.

Longtemps encore après avoir pris pied dans notre nouvelle vie, nous garderons en nous le souvenir sensible de la vie amoureuse que nous avons vécue précédemment. Même si nous vivons maintenant mieux une foule de choses, reste une absence qui n'est pas tant celle de l'autre que celle d'un temps vécu qui, désormais, ne nous appartient plus tout à fait. Cette absence véhicule deux sentiments lourds à porter : celui lié à la perte et celui lié à l'angoisse face à la nécessité de changer.

« Tant qu'on a pas fait ce à quoi l'on croit, on ne sait pas si l'on y croit vraiment »

Léon Tolstoï, « Lettres II 1880-1910», RNF Gallimard, 1986, p.108

✓ La perte. Dans l'esprit humain, la perte est synonyme d'échec, elle a une connotation morale négative, elle s'assimile à une forme de déshonneur et elle s'accompagne généralement de culpabilité. (Tu as trahi les liens sacrés du mariage, tu as raté ta vie conjugale...)

✓ L'angoisse du changement. Même si en théorie tout le monde rêve de changement, lorsqu'il nous est imposé, il est vécu comme une violence qui nous est infligée. Il trouble notre ordre intérieur, force nos habitudes, met à mal nos rituels de vie.

Faites une liste de vos peurs, petites et grandes. Vous devriez en trouver au moins trente !

Le deuil de notre ancienne relation n'implique donc pas seulement le chagrin résultant de la perte de l'objet d'amour, mais aussi les sentiments moraux et les sentiments directement liés à notre situation psychologique (voir schéma ci-dessous).

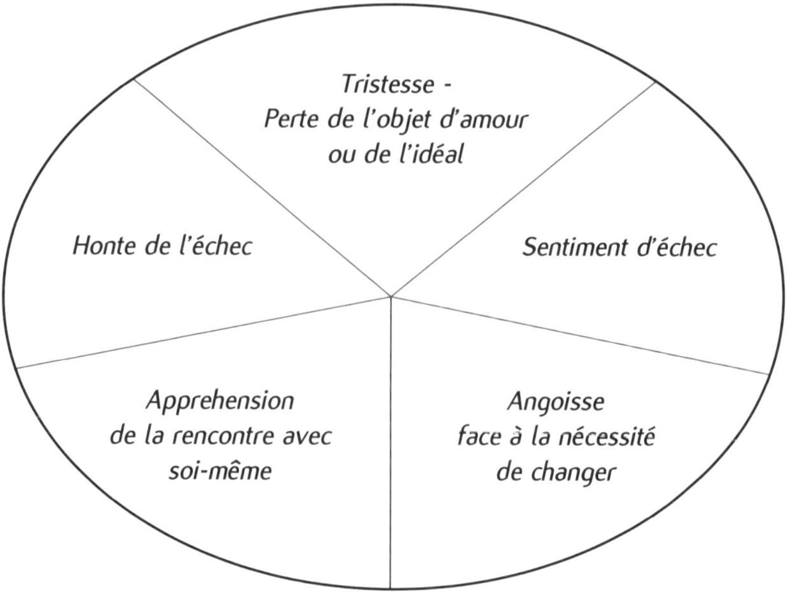

Lorsque vous réfléchirez au deuil de votre relation passée, il faudra toujours vous efforcer de distinguer ces différents sentiments, et ne pas faire l'erreur d'intervertir ce qui touche à l'origine de vos problèmes (tristesse liée à la perte de l'objet d'amour) et ce qui touche à leurs conséquences (sentiment d'échec ou de honte, crainte de se confronter à soi-même, peur du changement...).

Des résistances formidables

Lorsqu'il s'agit d'envisager une nouvelle relation, par peur d'un nouvel échec amoureux, on met en place malgré soi des résistances extraordinairement fortes.

Être superficiel(le), ça peut aussi être une façon de se protéger.

Le quatrième et dernier frein dont je voudrais vous parler réside dans les résistances que nous opposons à la possibilité d'une nouvelle rencontre. Que nous nous soyons déjà risqués à l'expérience ou que nous soyons sur le point de le faire, dans les deux cas nous éprouverons beaucoup de difficultés à nous laisser aller. La nouvelle personne rencontrée aura beau nous donner toutes les garanties, nous faire toutes les promesses, nous aurons besoin de voir, vérifier, contrôler par nous-mêmes. Comment est-ce que je ressens ce que je suis en train de vivre maintenant ? Est-ce que cela me convient ? Suis-je dans mon rythme ? Vais-je pouvoir faire face ? Est-ce que je ne risque pas de me faire mal ?

Car pouvoir se fier à l'autre, apprendre à lui faire confiance, décider de croire en lui n'est pas une mince affaire. Tous les signes, toutes les promesses ne parviennent pas à nous rassurer ; nous avons besoin de l'éprouver par nous-mêmes.

S'ouvrir, se confier, se donner nécessite un véritable apprivoisement, qui ne peut pas se faire en un jour. Cela se comprend, les promesses et les serments non tenus, les trahisons passées nous ont rendus méfiants. Égocentriques aussi. Dans la traversée du désert de l'après rupture, on s'est juré qu'on n'avancerait plus à découvert, qu'on ne ferait plus passer les besoins ou les envies de l'autre avant les siens, qu'on resterait froid, distant, détaché, superficiel, bref on garderait le contrôle sur tout de façon à ne plus souffrir.

Mettez une note (sur 20) à votre vie et essayez de vous l'expliquer.

Se réapproprier une sensibilité qui a été mise à mal nécessite un vrai travail d'élaboration. Il s'agit d'un processus progressif.

C'est en s'accordant du temps à soi-même qu'on réapprivoise l'amour. Faire des choses pas trop contraignantes, qui ne nous engagent pas trop, qui ne nous font pas trop peur ; apprendre à mieux vivre au jour le jour, préparer demain sans se projeter trop loin pour ne pas être saisi d'un vertige insurmontable, tous ces pas donnent alors l'impression d'avancer et de sortir progressivement du tunnel.

6. Se reconstruire

À partir de quand se reconstruit-on ?

Malgré la confusion des sentiments qui anime toute cette période, la vie continue son chemin, cahin-caha. À quoi ressemble-t-elle maintenant ? Malgré tous les allers et retours possibles et imaginables que nous avons effectués dans notre esprit ou dans la réalité, nous avons finalement pris notre vie concrètement en main et réalisé certaines décisions.

✓ Sur le plan pratique, on aura réglé le problème des appartements, on se sera réorganisé avec les enfants, on aura taillé dans le budget pour le mettre d'équerre, etc.

✓ Sur le plan « énergie », on se sentira soulagé d'avoir retrouvé une légèreté de vie qui avait disparu du fait de l'énorme tension qui régnait à la maison. Petit à petit, apprivoisant la nouvelle situation, on aura appris à chasser les trop-pleins de culpabilité et les crises d'angoisse jusque-là récurrentes. Bien sûr, lors de rencontres avec notre « ex », on ne résistera pas à l'envie de lui jeter à l'occasion une petite remarque douce-amère, mais le cœur n'y sera plus vraiment.

✓ Sur le plan personnel, on aura retrouvé ses repères d'antan et ressenti ce souffle de vie si particulier qui accompagne nos prises d'autonomie. On se sera aperçu qu'on peut à nouveau faire ou ne pas faire une foule de choses sans que les sempiternels commentaires de l'autre ne viennent immédiatement nous foudroyer. Ainsi – ne riez pas –, laisser traîner une tasse dans la cuisine, laisser une lumière allumée dans la salle de bain

> Il me semblait parfois que l'objectif que je m'étais fixé, « être une femme à part entière », connaître l'amour et devenir Moi, était un objectif tellement exigeant, tellement difficile que je n'y arriverais jamais.
>
> *Françoise, 22 ans, chasseur de tête.*

(« Tu le fais exprès ! »), rester en chaussure à la maison ou ne pas démarrer à la seconde au feu vert en voiture sont des moments délicieux que vous pouvez désormais savourer en toute quiétude.

✓ Sur le plan sentimental, enfin, même si vous vous sentez encore à mille lieues de repartir sérieusement dans une autre histoire, vos blessures ont cicatrisé et vous pouvez recommencer à regarder les personnes du sexe opposé sans trop de dégoût ou de haine. Peut-être même y avez-vous récemment pris un certain plaisir...

Même si tout n'est pas réglé, ces indices montrent que vous avez franchi un gué décisif et que votre reconstruction intérieure se dessine maintenant plus concrètement. Voyons quelle sera donc la prochaine étape.

Apprendre à redécouvrir certaines façons de vivre qui vous plaisent

Ne possédant pas de boule de cristal, je ne puis maintenant prédire comment les choses vont se passer pour chacun et chacune de vous. En revanche, mon expérience de psy me permet de vous décrire quelques scénarios dans lesquels vous devriez, en partie au moins, vous reconnaître. Cela pourra évidemment varier selon l'âge et les circonstances de vie de chacun et chacune.

> Revenons une dernière fois sur l'idée du rivage. Si vous pouviez choisir l'image d'un rivage correspondant à votre sentiment intérieur, quel serait-il ?
> Une plage de sable fin, de galets, de rochers ?
> Une falaise, des récifs ?
> Croyez-vous que ce rivage serait susceptible d'accueillir quelqu'un ?

Je sais par exemple que l'une des expériences les plus fortes que vous serez amené à vivre durant cette période est celle de retrouver certaines façons de vivre qui vous plaisent et que vous aviez perdues parce que la vie quotidienne les avait effacées de votre espace de vie.

En premier lieu, ce qui vous étonne est de vous redécouvrir ce que vous appelez « une vie de célibataire ». Même si vous devez vous occuper des enfants 24 heures sur 24, les choses sont un peu moins cadrées, elles pèsent moins. Les décisions passant par vous et par vous seul(e) sont dorénavant plus simples à prendre.

Vous avez en même temps retrouvé une certaine spontanéité : vous vous attardez chez une copine ou un copain, téléphonez au dernier moment pour décaler un impératif, remuez ciel et terre et trouver une combine pour caser les mômes afin de vous joindre aux autres pour aller manger une pizza... bref, toutes ces choses qui quelques mois auparavant auraient été estampillées d'inenvisageables voire de « pure folie » se trouvent maintenant gérées, organisées, ficelées par vous de main de maître. Sans vraiment vous en rendre compte, vous avez redécouvert votre tonus, votre allant, votre liberté de mouvement, votre liberté de penser, de choisir, de décider. Votre liberté tout court. Que vous l'admettiez ou non, vous êtes tout simplement plus heureux/heureuse. Et c'est bien mérité.

Arriver à refaire confiance

La contrepartie de l'état d'esprit que je viens d'évoquer est que vous défendez maintenant votre nouveau statut bec et ongles. En particulier, vous êtes devenu(e) extrêmement méfiant(e) vis-à-vis de tout ce qui pourrait atteindre à votre liberté ou mettre à mal votre base sécuritaire. Celui ou celle qui voudrait vous approcher va déceler d'emblée en vous un tel mur d'inaccessibilité qu'il va prendre cette posture pour de l'indifférence ou du mépris et qu'il va choisir de se tenir à bonne distance, voire de se détourner du chemin qui, en d'autres circonstances, aurait naturellement conduit à vous. Je sais que vous n'aimez pas ce que je suis en train de dire, parce que vous entendez dans mon propos que ce sont vos résistances qui vous empêchent de rencontrer l'âme sœur et non l'absence de partenaires potentiels. Pour dérangeant que ce soit, il me semble

> Il m'a dit :
> « Je t'aime, tu es ma vie »,
> tout ce qu'il ne fallait pas dire.

primordial d'insister sur ce point, car trop nombreux sont ceux et celles qui, ne parvenant pas à en faire l'analyse, se replient sur eux-mêmes et passent à côté de belles occasions de rencontres.

« La terre promise vous entoure, vous ne le savez pas. »

Montherlant, « Les jeunes filles », Gallimard, 1936, p.21

Je le concède, c'est là l'un des caps les plus difficiles à passer. Car, lorsque la rupture a été consommée et qu'un nouveau style de vie s'est mis en place, comment oser s'ouvrir, comment rencontrer le regard de l'autre, surtout lorsqu'il s'accompagne d'une certaine convoitise ?

C'est à une refonte de tout votre système de valeurs, de toute votre morale, de toute votre image, à laquelle il vous faut vous confronter. Cela vous étonne-t-il dès lors qu'il faille tant de temps pour passer un tel cap ?

Une chose est certaine. Tant que ce mur d'inaccessibilité restera en place, peu de choses bougeront. Les plus audacieux ou les plus audacieuses d'entre vous feront quelques tentatives, mais en partant d'un point de vue si négatif, si pessimiste que rien de très convaincant ne se passera. Pour peu que l'autre en face de vous n'ait pas su ou pas voulu percevoir cette montagne d'hésitation que vous portez en vous, trop hypnotisé qu'il est par son désir d'entamer une relation avec vous, il aura accumulé à peu près toutes les erreurs qu'il aurait fallu éviter en pareille circonstance et s'en sortira avec un zéro pointé. Exit !

En fait, on ne sait jamais trop comment, ni par quel hasard, ni par quelles circonstances le nouvel homme ou la nouvelle femme de notre vie parvient à déverrouiller notre porte. Je présume que c'est la vie qui nous le permet lorsqu'elle nous en sent capable.
Il faudrait que celui ou celle qui nous approche comprenne qu'il doit nous prendre avec douceur, lentement, ne pas précipiter les choses, respecter notre rythme, nos hésitations, même si elles semblent bêtes ou puériles, nous parler sans nous submerger de mots, de promesses, de paroles d'avenir que nous ne sommes pour l'instant pas capables

d'entendre. Mais je sais, c'est aussi difficile pour l'autre, car plus il nous sent distant, plus il a peur de nous perdre.

Pour difficile que cette étape soit à franchir, il faudrait que vous ayez le courage de le faire. En même temps, écoutez-vous, écoutez ce que dit votre cœur. Si vous ressentez profondément qu'il ne s'agit pas de la bonne personne, alors acceptez ce fait comme une réalité. En même temps, je voudrais vous recommander de ne pas la rejeter trop vite. Écoutez cette recommandation que j'ai donnée en conclusion dans l'un de mes précédents livres.
« Lorsque nous disons : "Il (ou elle) ne me plaît pas", nous ferions bien de nous arrêter un moment sur cette affirmation et d'en contrôler la cause véritable. En effet, dans la vie, il advient fréquemment que nous passions à côté de magnifiques trésors de tendresse, d'amour et d'amitié juste parce que nous n'avons pas su reconnaître ce qui, précisément, se trouvait dans la personne rencontrée. L'amour ne nous attend pas toujours là où nous l'attendons nous-mêmes. Vérifions donc si cette personne qui apparaît un jour à la croisée de notre chemin et que nous ressentons ne pas nous plaire, ne serait pas l'initiatrice cachée de notre futur bonheur. »

« L'Amour retrouvé », Éditions Dangles, Saint-Jean-de-Braye, 1991, p. 205.

Être adulte, c'est se débarrasser des culpabilités

Notre statut de femme et d'homme adultes devrait en toute logique nous permettre de nous situer souverainement face aux choix de la vie amoureuse et pourtant, dans la pratique, il n'en est rien. Une culpabilité sourde accompagne chacun de nos pas. Culpabilité de réclamer du bonheur, culpabilité de vouloir s'inscrire dans une dimension de plaisir, culpabilité d'avoir besoin du corps de l'autre. Culpabilité aussi de penser à autre chose qu'à notre devoir de parents, et enfin, pour les plus âgés d'entre nous et en particulier les femmes, culpabilité suprême d'infliger à nos enfants une telle image de nous. C'est comme si tous ces nouveaux sentiments, toutes ces nouvelles sensations qu'on veut s'autoriser devaient être payés d'un tribut de mauvaise conscience pour être à peu près acceptables.

« Du seul fait que j'assume activement la vie, j'enlève quelque chose aux autres »

Karl Jaspers, « Philosophie », Springer Verlag, 1986, p. 456.

Il est bon de regarder au fond de soi de façon à vérifier que nos motivations, nos actes, nos décisions ou nos désirs ne soient pas en contradiction flagrante avec notre nature ou notre morale ainsi que celles des autres. Personne n'en disconviendra. Mais il est important aussi de ne pas nous cantonner dans une vision puérile de nous-mêmes et de la vie. Vivre une vie d'adulte suppose des choix, des décisions, des préférences, des positionnements clairs par rapport à ce que nous sommes et à ce que nous estimons important pour nous.

Votre décision, quelle qu'elle ait été, aura forcément eu des conséquences sur votre vie, sur celle de vos enfants et de vos proches. Faire l'autruche en tentant de relativiser ou d'ignorer cela ne servirait à rien. Cela étant, vous embarrasser après coup de culpabilité et de scrupules ne vous avancerait pas davantage. Au demeurant, si vous y regardez de plus près, vous constaterez qu'il s'agit souvent de culpabilités prétextes visant à diluer vos doutes et à retarder le moment de vous repositionner concrètement dans la vie.

7. Vivre en responsabilité

Un choix de vie qui n'appartient qu'à vous

Nous en arrivons maintenant au terme de notre périple. Que nous reste-t-il à dire ?

Certains d'entre vous se seront lancés sans attendre dans une nouvelle aventure, d'autres y seront entrés sur la pointe des pieds, d'autres encore auront vécu quelques revers qui les auront rendus plus circonspects, d'autres enfin n'auront pas pu bouger, le poids du passé restant gravé sur leur cœur comme marqué au fer rouge. Peu de chose distingue les quatre et pourtant, ce peu de chose influera sur leur avenir de façon décisive.

Il n'y a pas en soi de bonne ou de mauvaise alternative à une rupture conjugale, de même qu'il n'y a pas de prémices idéales à une nouvelle rencontre : soit votre oreille est mûre pour entendre ce qui se présente, soit elle ne l'est pas. Une chose est certaine, il n'appartient à personne de décider pour les autres ce qu'ils doivent faire ou ne pas faire, oser ou non. C'est selon chacun, selon ses forces, selon sa sensibilité. Selon le moment aussi. Car, qu'est-ce que le destin si ce n'est la rencontre d'un moment et d'une circonstance ?

> Mieux vaut bien accompagné que seul…

Ce que je sais, c'est que les solutions à ce type de situation nous sont rarement envoyées par la Providence. Elles nécessitent notre participation. Par participation, j'entends une ouverture active à la vie, aux autres, au monde extérieur. Ce n'est pas en restant enfermé chez soi que les rencontres arrivent, c'est en sortant, en participant à la vie sociale, en allant à la découverte de la vie.

Mais même alors, cela peut ne pas suffire. Pour rencontrer quelqu'un, pour que quelque chose se passe, pour faire une rencontre, il faut vouloir la faire, justement. Je veux dire par là qu'il faut vouloir la mettre en œuvre, et pour cela, en premier lieu, en avoir le désir. Il faut par conséquent déjà commencer par se l'autoriser, ce qui, paradoxalement, n'est pas le plus facile, compte tenu de nos blocages, nos inhibitions, nos préjugés, nos jugements, nos idées définitives sur ce qui est et ce qui doit être.

On ne dira jamais assez le rôle que joue le sentiment de honte dans ce genre de situations, surtout lorsqu'on a dépassé un certain âge. La peur de paraître inconvenant, de se montrer indigne, d'être mortifié, tout cela pèse d'un poids considérable sur nos choix de vie. Mais mortification, indignité, inconvenance par rapport à quoi ? Par rapport au fait qu'on est un être humain pourvu d'un cœur qui veut battre et d'un corps qui veut vibrer à l'unisson avec le monde ? Est-ce donc là le crime de lèse-majesté dont on a à rendre compte ?
Si votre solitude est un choix, car elle se fonde sur de hautes valeurs morales, spirituelles ou religieuses, soyez fidèles à vos convictions. En revanche, si elle provient de cette suspicion d'indignité que fait sourdement peser sur nous la morale sociale ambiante, ne vous laissez pas dicter sa tyrannie. Votre existence est trop précieuse pour que vous vous laissiez imposer une norme sociale et morale aussi répressive.

Du don de soi au partage

Le désir est une énergie qui nous pousse à vouloir capter le monde (monde extérieur, monde de l'autre, monde des objets...), à s'identifier à lui, à l'épouser jusqu'à vouloir ne faire plus qu'un avec lui. C'est justement ce qui d'ordinaire fait si peur

L'amour n'a pas d'âge.

dans les premiers temps d'une rencontre amoureuse, car on craint d'être trop vite assimilé au monde de l'autre et de ne plus retrouver sa place. C'est pourquoi lors des premiers temps d'une rencontre, il faudrait non seulement écouter et respecter votre propre désir mais aussi essayer d'écouter et de respecter celui de l'autre. Être présent dans sa vie, sans toutefois le presser, sans manifester de signes d'impatience, d'agacement, de reproches, de marques de jalousie, de chicanes, ce qui le conduirait à battre immédiatement en retraite, voire barrerait définitivement le chemin de son cœur.

Mais ne voir dans le désir que l'attirance ou la captation serait une erreur. Le désir est don également. Don de son énergie, don de ses forces, don de soi. En cela réside l'autre grande difficulté face à l'autre. Dans un monde

« Quand quelqu'un nous aime, la manière de dire notre nom est différente. On sait que notre nom est en sécurité dans sa bouche. »

Lætitia, 8 ans.

où l'on avance si souvent masqué, il n'est pas aisé d'accepter ce don immense qui nous est fait. Peut-être est-ce parce qu'il est trop visible, justement. Et il sera d'autant plus difficilement acceptable qu'il sera présenté de façon maladroite ou précipitée.

Pour que la rencontre soit acceptable, il faut qu'elle déclenche notre inclination à partager. Partager, cela veut dire être disposé, au-delà de l'échange, à inventer à deux non seulement un nouveau mode, mais un nouveau lieu d'existence. Là est le vrai partage. On mesure ici combien délicate est cette approche de l'un vers l'autre et par combien d'obstacles il faudra passer pour que finalement se créent les conditions d'une nouvelle intimité.

Amour et générosité

Au cours de mon existence de psy, on m'a souvent demandé quelle était selon moi la qualité fondamentale pour rencontrer l'amour. Il est bien difficile de donner une réponse à une question aussi précise. Toutefois, si j'étais sommé d'en donner une, je dirais certainement qu'il s'agit de la générosité. Je ne parle pas ici d'une générosité matérielle. Celle à laquelle je pense est cette force d'âme qui nous conduit à accueillir la vie dans un désir de partage et dans un mouvement de sympathie pour tous les êtres et les choses.

Une petite colle :
quelle est la différence entre
de nouveau et *à* nouveau ?
Réponse : *de* nouveau, c'est une nouvelle fois de la même manière, avec les mêmes enjeux.
À nouveau, c'est une nouvelle fois mais de manière complètement différente.
Entrerez-vous de nouveau ou à nouveau dans une relation amoureuse ?

La générosité, comme toute chose, s'apprend. Et elle s'apprend d'autant mieux qu'elle agit en réciprocité. Ce que je veux dire, c'est que la générosité de l'un éduque celle de l'autre et vice-versa. Et c'est de cette manière que tous deux s'enrichissent dans une belle complémentarité. Si donc vous voulez vous donner une bonne chance de réussir votre vie amoureuse, vérifiez si la personne que vous rencontrez est généreuse. Généreuse avec ses amis, avec sa famille, avec les passants dans la rue, avec son sourire, avec ses attentions, avec son temps. Peut-être même que cela vous donnera des idées pour enrichir votre propre générosité. Ce serait, à mon avis, un bon début.

Aimer à nouveau

Les critères qui nous conduisent à apprécier une personne sont très variables. Le physique joue certes un rôle important, mais il est loin, bien loin d'être le seul. De même que notre façon d'aimer nous est tout à fait personnelle et ne peut être comparée à aucune autre, de même nos critères de préférence, d'attirance ou d'affinité sont-ils le reflet de notre personnalité et de notre sensibilité la plus intime. Nous pouvons être séduits par le physique d'une personne, par ce qu'elle reflète ou donne à voir (sa façon de s'habiller, la voiture qu'elle conduit, l'endroit où elle habite, les gens qu'elle fréquente...), mais tout aussi bien par sa façon de marcher, par sa voix, par ses yeux, par la timidité qu'elle montre, son étourderie, son air rêveur, ou à l'inverse par l'attitude cadrée et déterminée qu'elle affiche, etc.
Une chose est certaine, personne n'est insensible aux autres et chacun a un type de personne qui lui correspond. Mais alors, me rétorquerez-vous, pourquoi tant de personnes se retrouvent-elles seules ? Pourquoi tant d'entre elles doivent-elles, contre leur gré, se résoudre à l'isolement ?

Les blessures, les trahisons, les expériences malheureuses sont certes une réponse, mais elles n'expliquent pas tout. Il est vrai que le destin, parfois, se dresse en travers de notre chemin, nous empêchant de rencontrer une nouvelle personne qu'on puisse aimer. Mais je pense qu'en même temps, nos propres hésitations et nos propres maladresses y sont aussi pour grand-chose. Car finalement, que faut-il pour tomber amoureux ? Cela peut arriver n'importe quand, n'importe où, en n'importe quelle circonstance, à n'importe quel âge et j'allais presque dire avec n'importe qui. Ce qui est faux bien sûr, compte tenu du poids de la morale et des convenances. Mais vrai en même temps, dans la mesure où tout inconnu reste un n'importe qui potentiel tant que nous ne l'avons pas approché.

« Pourquoi tombe-t-on amoureux ? Il n'y a rien de plus complexe. Parce que c'est l'hiver, parce que c'est l'été, parce qu'on travaille trop, parce qu'on passe trop de temps à ne rien faire, parce qu'on est faible, parce qu'on est fort, parce qu'on a besoin de sécurité, parce qu'on aime le danger, parce qu'on est désespéré, parce qu'on a le cœur plein d'espoir, parce qu'on ne vous aime pas, parce qu'on vous aime… »

Simone de Beauvoir, « L'amour selon Beauvoir », traduction Françoise Delbecq, texte du magazine américain « McCall », repris dans « Elle » du 22 octobre 2001.

Pour que s'ouvre le continent de l'amour, il faut le vouloir. Le vouloir vraiment et non pas seulement en idée ou en parole. Ce qui compte n'est pas de retrouver ce que vous avez connu et vécu dans votre relation passée, mais votre propre capacité à inventer un nouvel amour avec une nouvelle personne.

Pour savoir où vous en êtes, observez le type de rivage que vous ressentez être aujourd'hui. S'il est accueillant, chaud, cordial, tel une plage de sable fin ou une jolie crique de la Méditerranée, c'est que vous êtes prêts à aborder ce fabuleux continent qui porte le joli nom « amour » et que vous pouvez vous y ouvrir avec toutes les chances de réussir.

Annexes

Où se font les rencontres ?

Régulièrement, des organismes tels que l'Inserm (Institut national de la santé et de la recherche médicale) ou la TNS-Sofres (institut de sondage) font paraître des résultats d'enquêtes sur l'évolution des mœurs et des comportements sociaux des populations. En ce qui concerne les circonstances de rencontres, hormis les sites internet dont je vais vous parler un peu plus loin, on retrouve à peu près toujours les mêmes tendances. S'il est vrai que les écoles et lieux d'enseignement, la famille, les voisins, les clubs de sport ou de loisirs arrivent généralement en bonne position, trois lieux de rencontre totalisent plus de 45 % des réponses (source Inserm). Dans l'ordre, les rencontres se font le plus souvent : chez des amis (20 %), sur le lieu de travail (14 %) et dans les soirées – dancings, bals... – (12 %).

Il ne s'agit là que de statistiques, bien sûr, mais elles me semblent bien refléter la nature intime et délicate de ce genre de situation. On ne rencontre jamais mieux quelqu'un que lorsque le cadre est bien posé et bien sécurisé. Le cadre amical est, à n'en pas douter, un de ceux-là. Le lieu de travail est lui aussi propice aux rencontres dans la mesure où l'on peut s'approcher lentement et progressivement d'une personne ; apprendre à la connaître, lui faire confiance. C'est aussi un lieu propice aux confidences entre collègues. Quant aux bals et autres soirées dansantes, ils facilitent un rapprochement des corps qu'aucune autre circonstance ne tolérerait autrement.

Cela étant dit, ne vous limitez pas à ces trois pistes, car une rencontre, par définition, peut se faire en n'importe quel lieu et n'importe quel endroit. Je dis par définition car le mot rencontre vient de l'ancien français encontrer, formé sur le latin in contra signifiant : au-devant de. Pour rencontrer quelqu'un, il faut donc aller au-devant de cette personne. Toutes les circonstances de la vie feront donc l'affaire. Cela

> Les statistiques ont en commun avec les minijupes de donner des idées mais de cacher l'essentiel.
>
> *Auteur anonyme*

pourra être en sortant de l'ascenseur, comme en allant au supermarché ou en patientant dans la salle d'attente de votre laboratoire d'analyse. C'est juste une question d'ouverture.

Les rencontres par internet

S'il est vrai que pendant longtemps on a regardé d'un œil interrogatif voire suspicieux les agences matrimoniales, on les considérerait aujourd'hui presque comme de vénérables institutions comparées aux sites internet de rencontre en ligne qui font florès aussi bien dans l'Hexagone qu'au plan international. (Je pense par exemple à Meetic, premier site de rencontre et de chat en Europe.) Que faut-il en penser ?

Pour ma part, devant le désarroi des hommes et des femmes en mal de conjugalité que je vois passer dans ma consultation depuis plus de trente ans, je considère que tout ce qui peut favoriser les rencontres à fins sentimentales est le bienvenu.

Les sites de chat et de rencontre en lignes sont de ceux-là. Mais comme en toutes choses, surtout celles qui rencontrent un vif succès auprès du public, les dérives constatées ne sont pas négligeables. Quelles sont-elles ?

✓ Ce qui ressort des expériences qu'on me rapporte, c'est l'impression que les chatteurs vont y faire leur marché comme on irait à la foire aux bestiaux. On pèse, on soupèse, on réfléchit, on négocie, on ruse.

✓ Les gens ne sont pas très polis. Ils ne vous écoutent pas vraiment, ne cherchent pas à communiquer, à savoir qui est vraiment derrière la personne qui parle au travers du chat.

✓ Il s'y développe une sorte de mentalité : « pas vu, pas pris ». On ne rappelle pas alors qu'on a promis de le faire, on prend des engagements que l'on ne tient pas, on décommande à la dernière minute sans se soucier des problèmes d'organisation de l'autre, etc.

✓ On ne s'y respecte pas beaucoup non plus, me dit-on. C'est au plus offrant. Dès qu'on trouve mieux en ligne, on élimine le précédent sans vergogne. Voire, on multiplie les engagements. Ainsi, cette jeune femme de me raconter comment elle a piégé son récent petit ami qui continuait, deux semaines après avoir commencé une relation avec elle, à « chasser » sur internet alors qu'il lui avait assuré s'être désinscrit.

Tout ceci conduit les chatteurs à être assez méfiants et à adopter une posture plutôt voyeuriste ou manipulatrice ; comme les autres éprouvent la même chose de l'autre côté, vient très vite le moment où ils se sentent déçus et prennent de la distance. L'exemple suivant illustre bien les ambiguïtés de la chose. Après avoir chatté sur internet et pris rendez-vous par téléphone, deux personnes s'étaient rencontrées, mais, le courant ne passant pas particulièrement entre elles, elles n'avaient pas donné suite. Quelque temps plus tard, le hasard avait voulu qu'elles se rencontrent à nouveau dans un contexte complètement différent (une soirée pour célébrer les anniversaires de trois copains) et là, la magie avait opéré. Ils vont bientôt habiter ensemble avec leurs enfants respectifs.

Internet constitue un magnifique outil d'accélération, mais il faut savoir le gérer. Ces merveilleuses machines que constituent nos ordinateurs sont capables de fabriquer les rêves, mais aussi les cauchemars. La dépendance au système en est un. À vous de savoir poser les limites et de vous imposer un code de déontologie personnel.

Les titres disponibles chez Alpen Éditions